Linda Morales Caballero..................................*Encantamiento*

Encantamiento

Linda Morales Caballero

Título de la obra: *Encantamiento*.

Número de páginas: 124

ISBN-13: 978-84-933290-2-0

ISBN-10: 84-933290-2-9

Género: Poesía.

Primera edición: 2013.
Esta segunda edición publicada en: 2016.

© Del texto del libro: La autora.

Visite la página web de la autora en:

www.lindamoralescaballero.com

© De la portada:
Jaime Vásquez, *Reconstrucción de Afrodita*, (detalle).

© De esta segunda edición: Costa Literaria Ediciones, Béjar

Salamanca, España. www.costaliteraria.com

Edición y diagramación: Juan Navidad

www.laovejitaebooks.com

Linda Morales Caballero……………………………..*Encantamiento*

PRÓLOGO

Conocí a Linda Morales en Hunter College, City University of New York, en el otoño de 1983, en mis clases de Estructuras de la Lengua e Introducción a la Literatura I. Su interés por estos temas siguió en aumento y reapareció en el semestre de primavera de 1984, en el Curso de Composición Avanzada e Introducción a la Literatura II y, más tarde, en cursos graduados. Me admiró en gran manera el interés con que esta joven estudiante encaraba temas tan difíciles como "Análisis del personaje 'el Coronel' en *El coronel no tiene quien le escriba*, de Gabriel García Márquez, comentario sobre los ensayos de Luis Córdova y Aragón y otros muchos autores como Julio Cortázar, José Carlos Mariátegui, Pablo Neruda, Arturo Uslar Pietri por sólo mencionar unos pocos entre los tantos que atrajeron su atención durante sus estudios universitarios. De más está decir que se graduó con honores recibiendo importantes premios en diversas organizaciones académicas. Luego siguió el programa del Master's Degree en el que sus notas eran A y A plus.

Era de esperarse que ella misma pronto se lanzara al campo de la creación literaria y así ocurrió. En 2007 Lo hizo con un poemario que tuvo éxito inmediato: *Poemas vivos*. Junto con la creación poética, Linda se dedicaba a la enseñanza y lo hizo para instituciones tan variadas como La Guardia
Community College y The Renaissance School, una escuela experimental del Board of Education en la que creó el ESL-Café en el que se concentró en estudiantes problemáticos para convertirlos en triunfadores. Linda no se limitó a enseñar el español, su lengua nativa; lo hizo con sumo éxito también en inglés para los

programas de ESL (inglés como segundo idioma) en la zona de New York.

Sería de nunca acabar si siguiéramos los éxitos de Linda a lo largo de sus tareas docentes; baste decir que su acción se puede comparar a una varita mágica que convierte en oro cuanto toca, como en su siguiente actividad: los talleres literarios, donde sin dejar su interés por la poesía, ingresó en el dominio del cuento. Muchos de sus ex-alumnos en LAIA (Latin American Intercultural Alliance) consideran que han enriquecido sus propias creaciones literarias con la experiencia.

Su plurivalente capacidad la ha hecho ser invitada a variados medios en los que exponer su trabajo como Maratón de Poetas en Nueva York, Queens Museum of Art, QPTV la TV de Queens. Finalmente, su exquisito espíritu artístico la llevó a la fotografía. En este terreno ya ha hecho su primera exposición colectiva el 27 de noviembre pasado, en el Centro Español.

Volviendo al libro que nos ocupa -*Encantamiento*- cuyo prólogo Linda me ha hecho el honor de encomendar, sentí la necesidad de preguntarle a ella misma qué entendía por ese título. Con su candor tradicional, Linda me respondió que *el encantamiento para mí es todo aquello que me conmueve de la manera más intensa, bueno o malo, luz u oscuridad y muchas veces ambas a la vez: Yin y Yang, si se quiere.*

Yo no pude menos que insistir y le pedí que me diera por escrito la respuesta sobre ¿qué encierra ese 'encantamiento'? ¿Hay un tema que lo resuma, que lo engolfe? La respuesta de Linda no se hizo esperar y fue tan rica y profunda como ella misma: *El tema del "encantamiento", para mí, es tan trascendente como el "muso". Desde que era niña sabía de su existencia, lo* sentía como una presencia real que me asustaba. *Era, seguramente, la fuerza de mi imaginación. La intensidad con la que era capaz de crear, la fuerza que podía llegar a cobrar la inspiración. A través de los años he aprendido a trabajar esa intensidad para hacerla poemas, relatos, en fin escritos. No conozco ningún medio más apropiado para exorcizar todos los demonios que nos pueblan, que la poesía. No solamente por la libertad temática que nos permite sin obligarnos a explicaciones sino también por las imágenes que podemos lograr a través de ella y así trasmitir lo intransmisible por otros medios. La forma más inmediata entre el inconsciente y el papel.*

Esta respuesta de Linda va más allá del simple tema de un libro; es el tema de todos los libros; más aún, es la razón de ser de todo intento humano por expresarse, por meterse dentro de uno mismo para descubrir el más grande de todos los misterios humanos: ¿quién es uno mismo? Linda lo dice claramente: *La complejidad humana es lo que siempre me ha interesado, intentar entenderla a pesar de todos sus contrastes y ambivalencias.*

Linda se hace cargo en su poemario de esta triste realidad humana; dice con su riquísima voz poética:

> Apenas hecha carne la materia
> nos bautizaron en el llanto.

Y sigue más adelante:

> Somos a un mismo tiempo
> dolor y risa, presente y pretérito,
> subjuntivo y apelativos
> que sólo nuestras ganas nombran.

Todo el poemario está dirigido a un "tú" poético que, a su vez, refleja la incapacidad del "yo" por definir el objetivo de su realidad, realidad que está marcada por el tiempo, un tiempo que es, por otra parte, destructor de la realidad misma:

> El tiempo
> ha distorsionado los recuerdos,
> confundiendo en nuestros ojos
> los ritos sagrados,
> retorciendo en espejos rotos,
> lo encantado,
> para poner en piezas
> las astillas furibundas
> de este sueño que no encaja.

Esta distorsión y complejidad de la realidad humana es lo que ha llevado a Linda a escribir como queriendo poner un espejo que nos refleje y así, quizás, llegar a vernos a nosotros mismos. *Por eso escribo,* dice Linda, *porque la complejidad es fascinante, sobre todo la incapacidad de entendernos y conocernos a nosotros mismos.*

Dr. James O. Pellicer
Professor Emeritus
Hunter College,
City University of NY

ACERCA DE ESTA EDICIÓN

A pesar de tratarse de un libro que en su primera edición ya formaba un núcleo de poemas completo y compacto, la autora, Linda Morales Caballero, llevaba tiempo considerando una ampliación del mismo, con algunos poemas que ella había dejado fuera de la versión anterior. También ha habido algunos cambios breves, tan solo ajustes apenas perceptibles, como leves toques de pincel a una obra que ha sido muy bien recibida por su público y que ahora tiene una nueva razón para acercarse a ella.

Juan Navidad
Poeta y editor

- ¡Oh tú, bienaventurado sobre cuantos viven sobre la haz de la tierra, pues sin tener invidia ni ser invidiado, duermes con sosegado espíritu, ni te persiguen encantadores, ni sobresaltan encantamentos!

Miguel de Cervantes Saavedra
El ingenioso hidalgo Don Quijote de la Mancha
Capítulo XX

A Mercedes, mi madre

Me enardece la sospecha,
la música,
la sensación,
el color del misterio,
el adivinado
y convexo encantamiento
de la vida,
quizás
el sueño, la mentira...

Linda Morales Caballero......................................*Encantamiento*

Música

Exhalo un suspiro
que te dibuja en mi boca,
eres tú el placer
que deja mi cuerpo
para convertirse en paloma.

¿Cuántas veces has sido el ritmo
que me ha dado cadencia?
¿Cuántas y más veces
me salvarán tus alas
o tus membranas?

Música que enjaulas mis pasos,
eres lluvia amortiguada
en las tardes suicidas;
posada sombra
en las tiernas cornisas
desde donde tu ojo fiel,
siempre me mira feliz.

Carpe diem

Gritaré por las calles
estas locas ganas adeudadas
de comerte hasta las vísceras.

¿Cómo librarme
del desdormido aliento
que me enciende
en tus mejillas?

Para que sepas
que tu tiempo ha sido
bien invertido,
saldré por tus caídas
a rescatarte de las mías
y desde mis palabras
irreverentes,
tu voz será oída.

Encantamiento ambivalente

Para que no pueda despegarme
de tu aliento ni de tu saliva,
para que no pueda despegarme
de tu piel fría,
para que no duerma sin soñarte
ni te ame sin odiarme,
te mantengo lejos,
como si sólo dentro de mí existieras.

Acertijo suicida,
locomotora en busca
de hijos de hierro,
locura y castigo encantando
mis temblorosos pasadizos.

Acantiladamente me pellizco
para sacar de mi garganta el vocablo,
la hora, el animal que me puebla
cuando te hablo
y sólo logro palabras electrocutadas,
caricias oscuras...

Fábula

No crees en mis renuncias,
(yo tampoco).

Mi cuerpo, vestido de araña,
te visitó el otro día
para comprobarme capaz
de mirar con tus lentes.

Entonces, te descubrí
desde los ojos del pintor
encandilado con tus ganas.

No pude, no quise,
emborracharme en tu sonrisa.
Tan solo comí tu pastel de osito
de niño que juega a tiznarnos.

Te has vuelto demasiado literario,
cualquier cambio en tu materia
te hace humano
y eso no conviene a tu leyenda,
porque achica tu tamaño.

¿Estaré yo en alguna
de las esferas que fabricas?
¿Alguna vez dices la verdad
o todo el tiempo eres fábula?

Adicción

¿Cómo no dejarte ser vuelco en mí,
el desbarranco que alguna
vez todos deseamos perpetrar?

En mis noches sin ganas
necesito tus palabras tachuelas,
tus olas perversas
claveteadas por el techo,
tus sabores a perfume
durante las tardes
en que devoro osos enteros
para ser yo misma el circo
que me efervesca por el cuerpo.

¿Y creemos que te he renunciado?
¡Qué va!
¿Cómo vencer a los ogros sin dejar de ser uno?

Desde tu pulpo de ojos humanos
-que ató por tantos años mi tacto-
miras inocente hacia el cielo.

Perdido en el mar de tus naufragios,
olvidas que eres el espanto con que escribo
y las cuchilladas por las que te llamo
cuando tengo prisa
de decir lo indescifrable.

Muso

Terciopelo de burbujas
es tu saliva perfumada,
bordadora desde siempre
del temblor de mi emoción.

Ánfora de licores,
pátina de barnices,
miel dinamitada,
eres elíxir.

Retenerte
sin envenenarse,
y renacer,
es cosa de los pájaros
que habitamos tus cenizas.

Color rojo

Me hace falta el sabor rojo de tu saliva,
la carne de gallina de tu compañía,
la zafia luz de tu risa;
para flagelarme el ruido en la cabeza
y salir a correr desnuda
por la playa de tu espalda.

Olvidando mis ojos tuertos
veo por fin
con tus ojos ciegos,
corro al galope,
montada sobre los puntos suicidas,
a tientas entre los bosques
condenados de Bolaño.

Canturreante,
saboreo hormigas
en mi plato de sueños
caprichosos, encantados.
Sigo añorando el sabor de tu comida
preparada en tu horno de antaño,
do me incinerabas de cuando en cuando,
para recibir en tu paladar de circo
las electrizantes descargas
de mi cuerpo de alga.

Hoy necesito oír tu risa de fábula
para recordar quién soy,
de dónde vengo,
burlarme mí
y apostarme, hasta los huesos.

Gusto

A ti también te encantan
mis vestidos de araña,
y mis negativas a más tangos apaches,
en los que llevas
los fuelles al límite de tus carcajadas.

Aun así,
todavía me impresiona
la luz de los candelabros
ardiéndote en los ojos,
y ser testigo de tu existencia
independiente de la mía,
a pesar de llevar
toda la vida
sa-bo-reán-do-te.

El precio

De manos, gateando,
pagas el precio de la noche
que te acribilló entre arpías
mientras el soleado día te seduce
con sus olores y guaridas.

Cada hora tiene nombre
en tu fábula *naïve*,
doliente -remojada en aceites de fritura,
y recuerdos voraces que acuchillan-.

Ululan en tus ganas
los frutos que contemplas.
Te tientan sus colores
donde enfundar los dedos,
donde estrellar la frente.

Tu hígado, reloj de células,
todavía disimula su tic-tac
de cuerda loca.

Sigue imponiendo
excusas de mago tonto
para tu escenario desdentado.

Por los dardos va tu nombre
a hacer blanco en aquellos
que quisieran ser tan necios como tú
pero no se atreven.

Pregunta

Te agarraré de las solapas
para pedir que me expliques
por qué no quiero escapar
de tus caricias marcianas,
y aunque sé la respuesta
me gustaría saber si la entiendes
¿o te la tengo que explicar siempre a patadas?

Cerca

No llegas lejos;
más bien
llegas profundo
cuando involucras a los ángeles
en tu brageta de precipicio.

Tirarte
desde la altura de tu saco
al charco de sus deseos,
te da el poder de voltear
sus mundos al revés,
calzarte por un día sus tristezas.

Por ello,
llegas profundo
aunque no lejos,
y el día que te sea devuelta la marea
algunos se alegrarán
al escuchar tus gritos.

Renacimiento

Palpo un pino en la calle
y me abandono a hojas,
estrellas y ramas...
una guerra con el viento
me barre urbanas batallas.

El árbol vivo
como mis ojos
me sabe a alma, a Navidad
a gozo.

Bajo la luna creciente
de Elmhurst Avenue
sueño poesías sobre telarañas.

En Whitney,
un grafiti turbulento,
enrejado entre sombras,
ya no me causa los escalofríos
de hace unos pocos milenios.

Tu abrazo
limpió la noche de la turbia
humareda.

Tus versos,
de cúpulas y ángeles
escritos en mi pecho,
elevan mis costillas
hacia azules cielos.

Encantamiento ciego

No quiero cantar amores/amores son pasos perdidos.
Son fríos rayos solares/verdes garras de los sentidos.
Garras dos Sentidos
Agustina Bessa-Luis

La metralla de tus besos
me sigue disparando
en las sienes,
y en los oídos.
Tu música no espera
mis razones para ser
el rojo globo al que se ata
mi corazón encantado
por tu flauta.

Por las cornisas
de tus alas corro
como siempre, a la intemperie,
a riesgo de todo
por una bocanada de tus ganas.

Qué diferente al sonsonete,
de los miedos en remojo,
que me llama a desinflarme
en las batallas, y me embrutece
con su manera borracha,
de abrelatas.

A Dios gracias,
se esconde tu sonrisa
en el fondo de los cajones
de donde saco mi cuerpo
bañado por tus alas.

¿Qué haré con mi torpeza
por mostrarte quien soy,
que tú eres
la respuesta al acertijo?

Ya es bastante
que tu aroma me inunde
hasta la médula, que te aguarde
en la palabra que no existe,
ahogada de placer,
en el río que son tus notas
por mi espalda.

A la hora
que no sé qué soy,
tal vez podrías verme...

¿Quién podrá librarnos
del hechizo, del encantamiento,
de no vernos al unísono?

Conjugando

Me llaman a interrumpir
las chipas que producen mis manos
sobre el teclado.
Les parece que me hace daño
conjugar nuestros maleficios.

No saben
que no nos alcanza el tiempo
para devorar en el otro
todos los peldaños,
los recuerdos trocados,
los disfraces,
los títeres.

Apenas hecha carne la materia
nos bautizaron en el llanto.

Y nuestra condición angelical
-recién cuajando en lo humano-
aprendió a conjugar
encantamientos para salvarnos.

Seguimos conjugando
al borde del abismo,
inquietando a otros
desde nuestra naturaleza
infantil y eterna
de tragafuegos itinerante.

Encantadoramente

Puedo tocarte
cuando te escucho,
y olerte
cuando me mira alguien
como a nadie más.

Sé que sales de mi carne
y te haces voz,
y que eres en mí
sombra, tinta…

Te reconozco desde siempre,
y ahora entiendo
que no sabría
para qué es la vida
sino para sentirte.

Dominios

> *Raro... /como encendido/ te hallé bebiendo/*
> *feo y fatal...Bebías/ y en el fragor del champán,*
> *loco, reías por no llorar...*
> Versión de **Los Mareados**
> de Enrique Cadícamo
> y Juan Carlos Cobián

Ya sé que tú no sabes,
que eres el mago
de mis palabras bandoneonadas
en el fuelle de las erres
que derrama tu batuta
de encantador de locuras.

Qué hermosas tus chanclas
a la hora que pareces
un camarón borracho
esperándome en el vestíbulo
de tu celda
de luces y metrallas.

Tu música
ya viene paseando por los corredores,
ya nos acercamos a tus anchas.

Por los charcos de tus risas
sé que estoy en tus dominios,
y me encanta
saber que no soy pan
para tus colmillos.

A pesar, de sí ser,
quien envuelve
tus secretos
en los golpes de mi alma.

Árboles de otoño

Los árboles
se van de otoño,
me voy yo
con sus dedos desmembrados
de hojas amarillas.

Me voy por las orillas
de las escaleras de escape de la esquina,
escondida en los membrillos agrios
de la noche en que te amo.

Guardará mi esencia
alguna semilla olvidada y cotidiana,
hasta resbalar un día
por ese libro de poemas
que conserva mis notas aquejadas
y es, en fin, palabras,
sólo ecos en la noche que se marcha.

Ganas

¿Cómo se renuncia
a tus canalladas de circo,
a tus ganas?

¡Qué ansias estas
de que me efervescas
por el cuerpo y el alma!

Pero ir detrás de tus ganas
es también estar sola.

No sé si el cuerpo aguante
tanto desatino,
la mente tanto reto.

¿Seré, más que nada, tú
en este pergamino que es
cada día menos libreto
y más sueño?

Renacimiento II

Cuando parecía
que no quedarían voces
sobre el pergamino,
ni tiempo para cantarlas;
cuando me hacía humo,
te leí en sus palabras.

Me renacieron ramas,
infaltables gatos,
el amor olímpico al rescate,
con antorchas, a nado, con alquimia,
por sobre la vida, la muerte y la locura.

Más allá
de lo visible y lo tangible,
renovaste mi boca
desde los aceites santos.
Mi cuerpo abrazó
los embates, la destrucción
y la metamorfosis.

Me agarré con garras dulces,
con lágrimas,
me agarré a todo
lo que tu mano me diera.

Y en los momentos más áridos
fecundaste tus semillas
en mis manos.

Camino de herradura

*La vida de cada hombre es un camino hacia sí mismo,
el intento de un camino, el esbozo de un sendero.*

Hermann Hesse

Lucha cuerpo a cuerpo
con el nudo en la garganta,
con tu pie clavado en mi sombrero,
con mis costillas
rozando tu mandíbula,
osada y carnívora,
sobreviviente de mí misma.

Con o sin permiso,
eres el terremoto, el abismo,
pero también la malla que me salva
y la cuerda floja que me calla,
la misma que me alimenta:
la mecha, el suspenso,
el delirio,
el encendido camino
hacia mí misma,
como atada a la pata de un sueño,
el mismo, en retorno,
en U.

Encantador de vocablos

Siempre es buena hora
para caer en tus arpas.
Para caer
con las palmas hacia arriba
y tocar la luz
puntiaguda de tus chispas.

Todas las horas son buenas,
todas las calles latidos
que se dejan acariciar,
todos los acentos un nido
en el que verte florecer.

Tú, siempre tú
encantando las cosas:
los cables-campos,
los recuerdos-lanchas,
los colores-caballos,
los ríos-amores,
los sueños-martirios.
Tú, el vocablo a punto de ser…

Tú, alucinándome,
a cualquier hora del día,
eres la efervescencia que me inventa,
la que me hace exclusiva,
la que me estampa
en su molde de hornear
y me vuelve galleta, melcocha o pan.

Alquimia

Si no me atreviera
a dejarme deletrear
por tus otros encantados,
sería un fracaso
en la caligrafía de tus manos.

Gracia

A mi madre

Eres gracia pura,
aliento perfecto,
la esencia
más amada para mí.

¿Será por amada
que es perfecta?

No hay olor más querido,
más buscado
ni sonido más impecable que tu voz.

¿Cómo no estar
rendida al encantamiento
que durante meses me soñó?

Nunca perderás la magia,
¡cómo podrías!
eres esencia de hechizos,
perfecto momento,
caricia y motivo
para ser alucinada por ti.

Encuentro

Creí que abandonarías
mis páginas,
pero aquí te encuentro,
como entre sábanas.

Estás despierto
a las 2 de la mañana,
como aquella madrugada
en que nos tropezamos
midiendo la noche.

Husméasme, tócasme, calcínasme
mientras deshaces en cenizas
las cuadras que pisamos.

Juntos escapábamos del invierno
para que tu orgullo
de abrigado bárbaro
se orinara de risa por entre los dientes
de las pesadillas que fabricas.

Hasta que te dure el cuerpo
intentarás vivir sin frenos
y con 000 caballos de fuerza
atropellarás a los transeúntes
que te encuentren por el camino,
como un ángel exterminador.

Recuerdo

En el cuadrilátero de tus hazañas,
emprendidas de madrugada
por los rincones de Manhattan,
germinan las minúsculas verrugas
de los niños rotos
al borde del abismo del tren
de Machu Picchu.

Su recuerdo en tu cabeza,
es algo tan real,
que crees, haberlo soñado.

Mecenas

Tal vez sin querer,
¿o proponiéndotelo?
quizá para pagar tus culpas,
o porque te gusta
la belleza
tanto como a mí,
me has hecho
un regalo de mecenas.

No, ya no te amo.
Pero sigo amando
tus gestos de muso,
tu olor inspirador,
tus manos intensas
y este hastío crudo
que me muestra quién soy.

Inspiración

No entienden
que no hay nada más importante
que poner mis seis sentidos
en tus sonidos,
tus sabores,
tu aroma,
tus caricias,
en tus mil colores camaleónicos,
en tus tejidos,
en tus epitelios rosaditos.

Debajo de las cobijas ¡te susurro!
Para que no te creas solo,
te susurro, para que te conozcas mío.

Te susurro
para que me oigas
sin que me vean tus ojos
escarbadores
de las atormentadas alucinaciones
en las que no te encuentro.

Bajo el camastro
escondido está el perro
que sale de tus fauces.
¿Cómo es que no le temo a tu carne?

Nadie puede resguardarme
del encantamiento furioso
que es tu presencia por mis noches,
cuando vaciada de todo,
te espero en las teclas, en el proceso,
en el laberinto, en el infierno...

Coloquio

Me están silbando las manos
por la noche inquieta
de tus rizos perfumados.
Me están silbando reprochándome
ser espía de tu sueño,
hurgar en tus esferas
y exponerme en tus dominios.

Este es un juego de colores tamizados,
vueltos al revés de los principios.
Debutante teoría de las horas
en que sé leerte a ciegas
tan sólo por tu olor de hechizo
que me caverna las manos
y me cama y me agolpa
y me traga y me escupe
mientras te digiero yo solita,
enterito, en tu pijama de *putti*
macilento e impúdico.

Piel, donde todas las teclas
se hacen la gran tecla secreta
de la vida que me enciende.
Llamaradas son tus gotas de saliva
en el momento de oír tus maleficios.

¡Oh! Huida imposible
de las líneas escritas en tus palmas.

¿Hasta cuándo será
la hora de morirte en mis palabras
que ya no alcanzan a medir
tu estatura de plomo en mis entrañas?

¡Qué suave podría ser
el entrar de tu nariz en mi vida,
qué violentas tus canas en mi pecho!
¡Qué fuerte sería yo
de resistir en silencio tus limones
exprimidos en mi sexo!

Desde el día benéfico,
en que susurraste osadamente
tu mágico mundo en mi locura,
se hicieron pechos en mi carne adormecida,
en mi tronco de culebra.

Ardieron, entonces,
el frío de mis musgosos pasadizos,
de tardes amarillas claveteadas
por todos los resquicios,
adonde fueron a buscarme
tus secretos aforismos,
para que yo, beligerantemente,
me aturdiera a cachetadas de espanto
entre a las palomas de la plaza
que ya no devoran mi nombre,
sino el tuyo, por todas
las esquinas de la casa.

Retrato

Nos olfateamos, rozamos
las testas, nos tocamos
las desnudas palmas de las manos.

Enredo mis dedos en tus rizos,
paseas tu nariz y tu boca
por las comisuras de la mía.

Mareadoramente
me dices
que eres un retrato,
y tu nombre conocido es insondable,
y mi cuerpo,
atrapado en el vestido,
me mantiene,
felizmente, lejos
de tus boceteadas manos.

Encantamiento para ser yo

Sé que sin ti
me desharía en sueños ajenos,
en las sospechas magulladoras,
en el presentir de las cosas...

Una vez más,
compruebo que eres tú
lo que me agolpa,
lo que ha de ser en mí
para poder ser yo.

Leyenda

Aún me tocan
las manos frías de tu sexo
por los maullidos hondos
de tus garras.

Entre las tinieblas blancas
de los latigazos en el bar de las batallas
-donde las cadenas son parte del enjambre
que acaricia tu mejilla-
tus labios chupan tu sabor
de trágico diletante.

Los ladrones del placer
te harán sentir
la fuerza de sus tormentos
en los vaivenes de los alfanjes
con que se escribe tu nombre
en los lares de Manhattan.

Te saludan con cascabeles
los priapismos enjaulados
y los lengüetazos de mostacillas
de los sedientos comensales.

Ahora que eres una leyenda,
puedo ver el panorama
arrasado por tu goce.

Mucho antes de que caigas
en los campos del deleite
eres una emboscada
de un solo hombre
con hambre de piraña.

Trampa

Porque no sales
a hacerte cargo
de tus trasgresoras pesadillas
me dejas medio perdida
entre pantera y vampira.

Tus trazos de todo
garabatean el aire,
encantan mis sueños,
me arrastran por las uñas.

Este es siempre un juego canalla
que huele a tu saliva perfumada,
y moja con sudor,
apenas pátina,
la muerte de tornillos
en los circos de las entrañas.

Tus caras me sueltan la lengua
para mantenerme atrapada
en mis propios recovecos reflejados
en tus ojos de hojalata.

Caricias

Somos a un mismo tiempo
dolor y risa, presente y pretérito,
subjuntivo y apelativos
que sólo nuestras ganas nombran.

A veces magia en los oídos ajenos,
casi siempre en los equivocados,
porque a menos que seamos
el oyente al otro lado,
a menos que nos clavemos
en el blanco,
estaremos sólo medio entrelazados.

Esa magia también
despierta a otros del silencio
y los echa a andar
como a resucitados
con una cuerda nueva,
tejida, trenzada, lograda
por este sortilegio
de caricias a patadas.

Flash

Qué más da que seas tú
o que sea yo,
o que sea él
o que sean las momentáneas actrices
de tu circo, tus focas, mis pianos, mis teclas,
los que pululan nuestros camastros,
nuestros vacíos, nuestros trastos.

Qué más da si somos capaces
de seguir siendo nosotros,
los mismos,
los que sabemos, los que contamos,
los que inundamos
de ganas nuestras propias vidas,
con un elíxir extremo
de convalecencia y comienzo,
de calma y exceso,
de tanto y de más...

Palabra

La noche se quedó sin nombre,
reaprendo sus pisadas,
la atmósfera liviana
de sus pesadas cargas cotidianas
me empluma a palomazos.

Hoy me duerme
la noche en la cama,
baja la hora por mi cuerpo
como un navegante instrumento
de brújula descompuesta.

Mixturada con sospechas,
naufragante balbuceo:

"No sé quién soy
salvo estos tictacs
de madrugada,
esta aprehensión
y el detonante
que se ha vuelto mi palabra".

Hilvanando

Ya voy a correr los carretes,
a pedalear la aguja de la máquina
cosedora de pieles,
castigos y cosas que sólo
ocurren entre sábanas.

Ya suelto los perros,
las hienas, los tigres,
y espero los versos
de rojos recuerdos
que añado ahora
a los que serán más remiendos...

¡Qué tristes las risas y los jadeos
que antes de que sean
ya han sido
personajes
que saltan de mis manos!

Sigamos descifrando,
el código de encanto
de este elíxir que me cose,
nuevamente,
al reflejo exacto de ti.

Elíxir blanco y negro I

Elíxir blanco y negro
se derrama por las imágenes
de tus verdes coqueteos con la vida
que me embriaga de grilletes.

En las líneas pétridas
de tus tablas electrocutadas
dejas tu risa de oscuras pinceladas
y a más de uno vuelto al revés,
tal como mueren tus pulpos
enfundados de mitones.

Sé que a la hora del mercenario frío
en las entrañas,
calentarás la fiesta entre camioneros borrachos,
porque en cualquier parte del mundo, eres tú
el dueño de sus teatros y los míos,
y el de todos los que no se atreven a morir,
por vivir como acostumbras.

Elíxir blanco y negro II

Hoy me achatan
tus fotos premeditadas
sin el fresco sabor de los colores,
a riesgo de los errores en los lienzos,
a los que me tienes acostumbrada.

Hoy sólo me seduce
el blanco y negro de la guerra
retratada por la mujer araña
cuando la tinta sepia
se me concentra
en el lunar que besas en mi pierna
y tus manos de exprimidor
me hacen tirarte una patada.

Me miras incrédulo
por ser capaz de llamar
al ascensor con la rodilla.

Me voy de tus manos
triunfante, con la hiel
de tus vejantes osadías
desparramadas por las horas
en que tengo que presenciar,
tragar y celebrar un mundo
que no elijo.

Masticando

Agarro el tiempo por las astas,
entre alquimista, torero
y taxidermista.

Agarro el tiempo
que me deja en las uñas
la caliente mancha
de tu sangre.

Salgo a acorralarte, a carretearte,
por cualquier barrio o ciudad,
para amarte embrujándome de oriente,
enajenada de koras africanos,
con el viento de zampoñas
susurrándome el tormento de tus labios.

Para acabar, como recompensa,
agitada y muerta de vida
masticando tu nombre.

Ingenuidad

Me aniquila
tu ingenua ceguera
de intoxicante canallada.
Me provoca ahogarte
para que pesadillees por siempre
en el verde
de tus aguas estancadas,
en el levitante abrazo
de tus estranguladas costillas,
cada que de noche me dejas enjaulada
en tu antro de grilletes con risas.

Encantador

Creer en mí
es lo que mejor hago
cuando me descubro en ti.

Saber que eres
es la comprobación
de que existo,
de que algún espejo me refleja,
de que mi risa tiene voz.

Descubrirte
me permite volar,
ser a la vez buena y avezada,
cautivante y segura
en mi propia receta,
en mi encantamiento.

Hechizo que galopa
nuestras venas,
lejos o cerca,
comunicados o mudos,
el soplo sabe que somos uno
para echar a andar con ganas los relojes,
consumir las velas.

Dejarte ser

Sé que lo mágico en él soy yo
vuelto al revés

Por primera vez
te vi asomar
cuando su boca
cerró un círculo
sobre mis labios asombrados.

Luego fuiste
el aflojarse de su cuerpo
acostumbrado a batallar,
y una cierta efervescencia
en la gracia de su brazo,
en el intento, la chispa,
las ganas de escapar.

Definitivamente
estuviste presente,
en el mordisco de mi pie.

Conmovedora su soltura,
intentó dejarte ser hallazgo
fuera de los entablillados
con que la vida lo ensordece.

Reflejo

Ahora eres la bala
y yo la metralla.
Otras veces,
soy yo la perforada.
Mirándome
a través de tu espejo
de infinitos reflejos
entiendo que el mundo
no tiene pulso ni sentido,
cuando lo amado y censurable
-por estar tan vivos-
son tu nombre y el mío.

Cambalache

No soporto más el trueque
de las mordidas de tus abrazos
por los fuelles de mis lágrimas,
estos días efímeros escritos con tinta china,
las tardes en que se mueren todos
y solo quedan retazos de dolencias,
dulzores de las tardes compartidas.

Se derriten las columnas
de los sustentos de esta vida
que se nos muere en los brazos,
sin remedio, sin antídoto,
sin la poética elocuencia de los versos,
como si todos se murieran de repente,
conjugándose con nosotros,
consigo mismos.

Sin embargo,
tengo la furiosa idea
de que tú nunca morirás,
muerto desde ya,
en tus necrófagas mentiras
alimentando revividos recuerdos
con impulsos de corazón
resonante en mejor vida.

Ya vivo y ya muerto,
regocijándote en tu tic-tac
de intercambio infinito.

Hechizo

El zarpazo feroz
del sastre taxidermista
quedó rasgando mi memoria
como una hazaña más
de tus compras a prisa.

A la lucidez de tu cremallera
expuesta, en pocas palabras,
a la luz cálida
de tu cueva de sapos,
se han sumado tus sonrisas.

Sabiéndome tu hechizo,
cuántas veces sentí
tus ganas voraces
por dar todas las patadas,
por comprar todas las fotos
nudistas y avezadas,
para ser el actor estelar
de la noche en que te abres
en relámpagos.

Y aun así,
me sorprendí
de verte salir de mi boca
encantado y travieso
haciendo propios mis antojos
con tus patas de conejo.

Rescate

Hay un desfase lunar
cada vez que te miro,
mejor dicho;
cada que nos miramos.

El tiempo
ha distorsionado los recuerdos,
confundiendo en nuestros ojos
los ritos sagrados,
retorciendo en espejos rotos,
lo encantado,
para poner en piezas
las astillas furibundas
de este sueño que no encaja.

Con muletas te hago señas.
Medio seno al aire te recuerda
que me conoces de alguna parte.

Pero no busco tus ojos,
ni tu piel ni tu sapiencia,
sino tu carne sonrosada
servida en los platos
después de las hazañas,
cuando el sol ya no calienta
ni el frío de tus ojos me conmueve.

Tan sólo te busco
para revivir mi sangre
con tu fuego de lagarto.

Tus ganas

Tus ganas
intoxicantes
me rescatan de hastiarme
cuando me pinta el día tu locura.
Y como en un auto sagrado,
la única sin culpa
ni entendimiento
acabo siendo yo.

Muso II

Cómo no desgonzarse
después de escuchar
tu voz de lumbre.
Cómo no desnudarse
ante tu calor de brasa.

Todos los acordes son tuyos
cuando te sientas a tocarme
la música que te nace
desde la médula.

Macho cabrío
de todos los delirios,
tus cascos me suenan
a noche de Medioevo.

Inundándome
de inmemoriales ternezas,
eres la peste y la gloria
enrollado en un solo pergamino
leído a voz en cuello.

Camino por el que ha pasado
tantas veces mi cadáver
a recordarte los hechizos
por los que están atados nuestros dedos.

Perder

No dejes de cantarme
tus erres bailarinas
aunque sea desde las estepas
o desde otros planetas
a los que deseas viajar.

No, no dejes
de contarme de los animales
extraterrestres
ni de las brujas
de 80
que aún quieren sentirse
canallas de verdad.

No, no dejes de enternecerme
cuando asolado por
mi sorpresivo aburrimiento
-tú que eres un motín de ganas-
me detonas reinventándote
como si me pudieras perder.

Ensayando

Para tocar tu música
duermo con una mano
en los teclados.

Atenta a tu pulso rozagante
respondo a brújulas
que enajenan el toque de mis dedos.

Tus mantras secretos
me bucean,
y al rapto de tus famélicos susurros,
ensayo amansar
tus eléctricas anémonas.

Voz

Entro al túnel
iluminada
por ojos
que navegan raudo.

Voy ciega
cual luciérnaga,
y desde la profundidad,
reconozco el fragor
de tu voz.

Rendida
a tu magia,
siempre sagrada,
me inundas de palabras
con tu savia perfecta y nutritiva
como el nombre de Dios.

Al gran encantador

Eres candileja de tilo
por la tarde
entre premuras y sirenas,
urgencias que refulgen en cada
rostro ocre del ocaso.

Retuerce puñales
el mundo en sobresalto,
cuando los pasos inseguros
del planeta
repiten tictacs
de humana consecuencia.

II

Sorpresivamente,
el tiempo
recorta este momento
para desvelarme intacta
tu presencia.

Por un instante,
me aturde percibir
esta pluralidad
con otros seres,
cuando el lienzo revela
tu enfervorizada firma
en nuestras células.

III

Reconozco, entonces,
tu voz amplificada refulgiendo
mientras el sismo
que se ha vuelto el mundo
intenta remachar todo
con sus dedos.

Tu exaltado amor me hurga,
engendra ánimos intactos,
gestos nuevos,
matices de tu voz
que afloran en sonrisa.

IV

Reconozco
los rayos fulgurantes
de tu esencia
y nuestra melodía ignorante
huyendo de tu luz.

Eres equilibrio matemático,
que cual idiotas dioses instantáneos,
intentamos corromper.

V

Rescátame
de la primitiva carne
con tu aroma renovador.

Quiero oírte
por las venas
desbrozada
de malezas.

Quiero aprender a sentir
tus afiebrados ríos
coloreándome.

Quiero vivir consciente
del perfecto elixir
de tus huellas.

Post encantamiento

*...con tres mil y trecientos azotes, menos cinco, que
me he de dar, quedará desencantada...*

Miguel de Cervantes Saavedra
El ingenioso hidalgo Don Quijote de la Mancha
Capítulo XXXVI

Tarde

Mi voz de pez ahogado
sale a pasear por las calles
sucias de tus sirenas
del Este de la calle Houston.
No hallo en el barullo tu ojo mojado
de grillos risueños
sino mi voz seria, solitaria,
esperando las ruedas que me casquen
el yeso del espanto,
el mundo que no me encaja,
el rescate de un momento
con tus cascabeles.

La esquina de mi tarde de tragafuegos
me crepita como entonces
con voz indigesta
de maternidad a la vinagreta.

Agrura que se expande por mis brazos
desnudos de tus hijos arropados
en la locuaz descompostura
de tus colores insolentes
a la medida de mis manos.

Sigo tragando aire salado,
enrollando entre los dedos
tu rizo encantado,
bien amado...
y es tu presencia, un cariño de pelos
que se expande

por la planicie de los mandatos,
ya tarde,
para esta ciudad tiznada de mastines
que de algún lugar secreto
sale a ladrarme sus ansias de mi carne.

Recuerdos

Veo tus ojos en las fotos,
tu actitud demencial,
tu capacidad
de ser tantos a la vez.

Tu porte sólido
me aplasta el recuerdo,
tus manos empuñando mis dedos
son armas, que seductoras:
garfios, cuchillos, tijeras,
me cortan el aliento.

Tus músculos,
y los cables electrocutados
en las fotos de tu casa,
son este abrasado
incendio entre mis costillas
que no me deja zafar
de tu horno ni de tu olor.

Espejismo

No hay nada mullido en ti
aparte de tu pelo,
tu pelo de fantasía,
de recuerdo de peluche,
tu pelo risueño, coqueto.

Desde el primer día,
entre caballos de feria,
me raptaste de la escenografía
para encantarme con tu irrealidad.

Intenso, buscaste
inyectarte en mi sangre,
y ponerme bridas,
hasta conseguir que golpeara,
con el fuste de mi orgullo,
tu lechosa piel.

Entonces, se hizo
tu nariz dos orificios,
y tu sexo una lechuza,
y me reí de tu sorpresa
y tu maldad me quedó chica,
hasta cuando me creí sola
con este recuerdo
que las fotografías confirman:
no fue sólo un sueño.

Sospecha

Un licor que quema
es esta duda certera
de que haces carne la noche
lejos de mis palmas.

Ampollas de pus revientan
los fuegos
de voces acaloradas.

Cuando el roce
de las castañuelas que odias
me corte la respiración,
será porque no sé
si eres cadencia
que alguien abraza,
muerde o ata.

Por la curva mortífera
del aliento imaginado
se irá el mío acerado a hacer blanco
en los resquicios cercanos,
cavernas, en los trucos
de las cosas.

Como ciénagas operáticas,
serán entonces los exóticos licores
servidos por seductoras sonrisas
mientras tu recuerdo cose larvas,
surcos, bordaduras amargas
que queman mi reluciente
armadura de cansado sinsabor.

Lo siento

No pude domar
esta rabia que me efervesce.

Lo sé, nadie tiene
brújula en mis dominios.
Te advertí que no
te acercaras demasiado.

Poseído por tus rabias,
no me creíste.
Mis versos fueron
mucho más detonantes
que tus demonios.

No lamento la marejada
porque,
seguramente, algún día,
tus crueldades de *film noir*
agradecerán mi inspiración.

Ingrediente

Con ego soberbio afrontas
marejadas de locura.

Desde siempre te he buscado
para encontrarte ciego.
No reniego de haberte hallado,
corto malezas,
corto el aire que nos aleja.

Diluyo tu nombre
en mis ojos,
intento olvidar que existo,
me amuero
para darte gusto.

A veces te aborrezco.
No obstante,
hacia donde mire
te hallo mezclado con mis deseos.

De mis ingredientes
eres parte imprescindible
y no tengo culpa
de que así sea.

Matador

Me has llamado
muchas veces,
y tu voz de murciélago de siempre
me ha parado los pelos
con menos
éxito que de costumbre.

¿Será porque
ahora soy yo la que torea
tus patas corriendo
a toda turbina?

Al roce de tus cuernos
expongo mi peto
y mi falda de torero.

Como en mis poses
reconoces
el hechizo electrizante
que han sido
tus dedos en mi fuego,
mi olor aún te seduce
pero, ante mi sonrisa
de soslayo,
ya no tienes la certeza
de quien es el matador...
mi bien amado.

Nasty

Después de haber sido *nasty*
arrugando la nariz,
te juzgaste con derecho
a pervertirme
trajinado tu puñal.

Quisiste encajarme
tu cínico repelús
hacia lo bueno,
y probaste
adulterarme
con tu desfachatada piel.

Pero tus patentes malicias
calcaron destructores juegos
precintando todo
con su hollín y tu veneno.

Mi incredulidad
petrificó tus polillas
que, enmohecidas,
enmarcan mis venas
con su orín.

Ya no me importa
tu rinoplastia
de madera fina,
tan sólo rescatar
mi voz cautiva
que aún se atora
al sacudirme tu trágico
aserrín.

Anti encantamiento

Linda Morales Caballero……………………………..*Encantamiento*

...Este rey no murió, sino que por arte de encantamiento se convirtió en cuervo...

Miguel de Cervantes Saavedra
El ingenioso hidalgo Don Quijote de la Mancha
Capítulo XIII

Linda Morales Caballero..................................*Encantamiento*

Riesgo

El olor del anís me recuerda
una noche de golondrinas hirientes
al vuelo violento de tu rabia,
al aire enfundado de tus garras,
al ciego ejecutar de tus presagios
para que fueran realidad tus engaños
y mentira la verdad.

Para que no te pesara ser otro
ni tú mismo
porque no te quedaba ganas
de ser nadie.

Yo, efervescente
en vida para regalar,
decidí intentar
mi suicidio en tus manos.

Para cuajar...

Porque a veces
soy un suicidio
al galope
me hace falta tu parquedad
clavándome al cuerpo.

Pero mis ganas
de diluirme en agujeros
contradicen tu nombre en mis paredes
y me escapo por los poros
para arder en los ojos
y quemar en las ideas.

Me enardece la sospecha,
la música,
la sensación,
el color del misterio,
el adivinado
y convexo encantamiento
de la vida,
quizás
el sueño, la mentira.

Pero los necesito para vivir,
para cuajar,
para ser espanto
y estar a punto...

Ovejas

Has arrasado
las ovejas de mis manos,
las ganas naturales de amarlas.

Has manchado de sangre
mis abrazos hundidos
en sus lanas muertas,
por sus carnes frías.

Mis dedos entran
a sus gargantas cortadas,
hurgan en sus gemidos,
buscan palabras que expliquen...
o-no-ma-to-pe-yas
que mágicamente
me borren la memoria.

Sus balidos me ciegan
para no enterarme
de que no les queda
ni una bocanada más
entre mis brazos.

¿Compañero?

Su parquedad ha intentado
no dejarte asomar.

Por ello mis ojos
renunciaron a ser míos,
mi piel entristeció,
y mis cabellos
amancebados con la tristeza
brotaron blancos por primera vez.

Aturdida, me abandoné
al rescoldo de sus jaurías
y me alejé del encantamiento de vivir.

¡Qué triste compañero me escogiste!
quizá para saber de qué soy capaz
cuando tu ausencia marchita
mi cuerpo y mi alma,
y la vida es tan sólo
un lugar para aullar.

No ser

Cuando te despides lloro
porque me da pena
no haber podido ser
yo a tu lado.

Anti-encantamiento
que quizás
me protege de mí misma.

Pero no dejarme ser
es un precio muy caro
que algún día pagarás.
Para entonces,
no quisiera estar en tus zapatos.

Que comas de mi realidad
y me amordaces
no me achica, me agiganta,
me rebasa de mi forma,
y te hace cautivo de mis planes.

No quiero ver
cuando el ogro que me habita
te coma en un festín
ante los payasos voraces
que siempre nos observan
lívidos de hambre.

Extremos

No me cabe en el seso
su agrura de crema
ni su café sobre mi ombligo
cuando ya sería hora
de ir afincando contiendas
en terrenos menos movedizos.

Tú sabes mejor que nadie
qué necesito y cómo
me encienden los extremos.
¿Por eso me mandas maleficios?
¿nadar en la acidez
en que me dejan tus mensajeros ciegos,
tus cartógrafos disléxicos?

Sucede que su cuello
está demasiado cerca de mis límites,
y sus parquedades me imponen un yugo
en el minuto en que ya
sólo me quedaría despertar
para no suicidarme en alguien más.

¿Violencia?

Un recuerdo de ópera chaveteada,
es el mejor indicio
de tu existencia entre sus puños,
pero no he visto la sangre que derramó
rugiendo tu dolor en sus nudillos,
y quisiera olerla, saborearla,
broncearme en su rabia desde el papel.

Mmm qué gusto
sería lamerte
en sus ganas estrenadas,
en sus despedazadas copas,
en sus ingles apretadas.

Mmm en su voz
cavernosa,
en su apurado sudor
aullando, tu puñal.

Actitud

Su actitud de ser martirizado,
sus rizos víctimas de la ventisca,
me traen sinuosa de cables
cargada de electrocuciones,
haciendo piz, izzz, siiis.

¡Tu sentido del humor no lo entiendo!

Siento que me rueda
por dentro
un tornillo suelto,
y es su reflejo tan poderoso
que no soy capaz de evitar proyectarlo.
Buscándote,
intento ser siempre
tú al infinito.

¿Por qué a veces me toca rebanarme
y enharinarme como lonjas de freír?

Testigos

No, no puedo ser yo si estás en el medio,
no puedo desvencijarme con ganas,
no puedo ¡patas, pulgas, bananas!
morderme en el lunar de la media luna,
bajo el pezón y sin rollizos nervios,
no puedo gatear con tus ojos pálidos
mirando mi locura.

No, no, nooo.
No puedo tocar
ni cantar mi melodía
elocuente
con sabuesos testigos
usando sus pinzas para escarbarme.

Alimento

Las teclas bajo tus manos
reciben la intrigante caricia
que busca mi piel.

Como un can furioso,
rebelde ante el abandono,
tus ojos suicidas me buscan
sin saber que ya me hallaron.

Torpemente, mi ternura
intenta una sonrisa,
alimentarte de abrazos;
juguetear sin lastimarnos
y evitar huir
por la puerta entreabierta
de tu egolatría.

Ensueño

Él es un niño
con sueños de hombre
que a manotazos
y globos
espanta ositos.

Rutilante
y sin modales,
corta el viento
y enjuga
tempestades.

A fuerza de palancas
y paradojas
conduce su nave
por las calles ondulantes
sombreadas de árboles
de ideas fijas.

De su rostro de pierrot
descuélganse variopintas sonrisas
cuando pasea por libros
que, intempestivos, se abren
sin muelles que amortigüen
el choque.
Yo ajusto todas las piezas
y me cuelo
en el osado intento
de entender sus pinceladas,
pero mi vista
no ve más allá
del estallido del horizonte
y se me queda sola
la sonrisa.

Linda Morales Caballero...................................Encantamiento

ÍNDICE

Prólogo	7
Música	19
Carpe Diem	20
Encantamiento ambivalente	21
Fábula	22
Adicción	23
Muso	24
Color rojo	25
Gusto	26
El precio	27
Pregunta	28
Cerca	29
Renacimiento	30
Encantamiento ciego	31
Conjugando	33
Encantadoramente	34
Dominios	35
Árboles de otoño	37
Ganas	38
Renacimiento II	39
Camino de herradura	40
Encantador de vocablos	41
Alquimia	42
Gracia	43
Encuentro	44
Recuerdo	45
Mecenas	46
Inspiración	47

Coloquio	48
Retrato	51
Encantamiento para ser yo	52
Leyenda	53
Trampa	54
Caricias	55
Flash	56
Palabra	57
Hilvanando	58
Elixir blanco y negro I	59
Elixir blanco y negro II	60
Masticando	61
Ingenuidad	62
Encantador	63
Dejarte ser	64
Reflejo	65
Cambalache	66
Hechizo	67
Rescate	68
Tus ganas	69
Muso II	70
Perder	71
Ensayando	72
Voz	73
Al gran encantador	74
Post encantamiento	77
Tarde	81
Recuerdos	83
Espejismo	84
Sospecha	85
Lo siento	86
Ingrediente	87
Matador	88

Nasty	89
Anti-encantamiento	91
Riesgo	95
Para cuajar…	96
Ovejas	97
¿Compañero?	98
No ser	99
Extremos	100
¿Violencia?	101
Actitud	102
Testigos	103
Alimento	104
Ensueño	105
Índice	107
La autora	111
El artista de la portada	115

LA AUTORA

Linda Morales Caballero ha sido profesora en diversos Departamentos de La Guardia Community College, City University of New York. También ha trabajado para la Escuela Renaissance del Board of Education en Queens, Nueva York; en Naciones Unidas y en diversas instituciones privadas, contando con una experiencia de más de 20 años en la docencia.

Se graduó *cum laude* en Hunter College, Nueva York con Licenciatura en Ciencia de la Comunicación, Crítica Literaria y Maestría en Crítica Literaria Hispanoamericana.

Ha viajado extensamente desde la niñez, lo cual la ha llevado a apreciar las diversas culturas que conforman el mundo, los idiomas y todo lo que representa la multiculturalidad.

Su trabajo periodístico aparece en revistas, periódicos y medios virtuales: *Caretas* y *El Comercio* de Perú, *El Sol* de Argentina, *La Tribuna Hispana*. Su crítica literaria aparece en Tribes.org e incluye trabajos sobre Mario Vargas Llosa, Roberto Bolaño, Javier Marías y Junot Díaz.

En Nueva York ha co-producido y co-presentado dos programas radiales. Como letrista, tiene temas con el Maestro Lucho Neves, y es miembro de ASCAP. También participó activamente en la página de cultural norteamericana: *Tribeca*.

En la Gran Manzana, fue también co-fundadora del Certamen Internacional y Antología anual LAIA (Latin American Immigrant Alliance) como un reconocimiento a los escritores y amantes de la literatura en lengua castellana. Asimismo formó círculos de lectura con la misma organización y la Ovejita E-books, buscando fomentar la lectura de nuevos autores en español.

Sus poemas aparecen publicados en los libros: *Desde el umbral*, (NuevaYork); *Circunferencia de la palabra*, (NuevaYork); *The Edge of Twilight*, (USA); *Miradas de Nueva York*, (España); *Poemas vivos: el Hombre adivinado, Poemas tuyos* (Argentina); *Encantamiento* (primera edición) y *Collage* (España). En prosa ha publicado: *El libro de los enigmas*, probablemente un nuevo subgénero, según su editor, Juan Navidad.

Su trabajo aparece en numerosas antologías, como ser: *El hilo de la memoria* (BookPress, Nueva York), y en la antología: *Voces de América Latina Tomos I y II,* -con poesía y prosa- 2016, compilada por la poeta dominicana: María Farazdel -Palitachi-. También, está incluida en las antologías de los festivales a los que ha sido invitada:

Encuentro Internacional de Poetas y Escritores, de Zamora Michoacán, México 2014; *Festival Latinoamericano de Poesía 2015*, *The Americas Poetry Festival* 2015 y 2016, estos dos últimos en la ciudad de Nueva York, entre otros.

Su poesía y relatos también han sido publicados en diversos medios e idiomas como en la revista *Hybrido* de Nueva York, la canadiense: *KIN, Reunion: The Dallas Review* y la neoyorkina: *And Then*; traducida al inglés por el doctor Marko Miletich, profesor de traducción en diversas universidades del país, entre ellas, la Universidad de Texas en Arlington, Estados Unidos.

El 8 de octubre de 2014, funda, junto con Silvia Siller y Maureen Altman, el grupo: *Fuego de Luna*, conformado por estas tres mujeres poetas y artistas con el deseo de celebrar la literatura y conservar el calor humano de la tertulia. Como grupo han llevado su trabajo juntas o individualmente a numerosas presentaciones en Estados Unidos, Centro América y México.

Morales Caballero ha sido invitada a participar en Ferias del Libro, en Nueva York, Brasilia, Buenos Aires y Guadalajara.

EL ARTISTA
DE LA OBRA DE LA PORTADA

Jaime Vásquez nació en la costa del Pacífico norte de Perú, en el puerto de Chimbote, rodeado de imágenes y una atmósfera que nunca pensó dejar. Actualmente, esos límites desaparecieron, las costas atlánticas de América le dieron la bienvenida, como lo atestiguó su gran exposición individual en las Naciones Unidas, Nueva York, 2002. Exhibición que marcó el inicio de su carrera en *La Gran Manzana*.

Vásquez pertenece a ese raro grupo de artistas cuyo trabajo trasciende las distancias que separan a la gente por cuestiones de razas y motivos culturales. Esto valida claramente la universalidad de su obra.

El artista, se ha hecho acreedor a muchos reconocimientos, en diferentes países, donde se han expuesto sus obras; y según expertos, como Paola Antonelli, curadora del Museo de Arte Moderno de Nueva York (MoMA), Jaime Vásquez es considerado como uno de los más importantes pintores neo simbolistas contemporáneos, a quien considera poseedor de una maestría asombrosa en su oficio.

Su obra se encuentra en importantes colecciones privadas y públicas en el mundo.

Actualmente reside en Nueva York, participa como socio de renombradas instituciones como el Club Salmagundi, uno de los más antiguos y prestigiosos clubes de artistas plásticos, ubicado en la Quinta Avenida en Manhattan y fundado en 1917, del cual fue miembro honorario Winston Churchill.

En 2011 El Museo de la ciudad Universitaria de Nueva York, le publicó un libro monográfico por sus 35 años de labor profesional. En él está contenida toda su producción pictórica a lo largo de esos años, con el título de *El sueño Metafórico*. Dicho volumen se encuentra disponible en importantes bibliotecas del Estados Unidos y de todo el mundo.

El maestro Vásquez, es representado por renombradas galerías de las más antiguas y prestigiosas del mundo, como la galería Misrachi en México DF, desde la cual accedieron a la fama artistas como Diego Rivera, Frida Khalo, David Alfaro Siqueiros, etc.

En la actualidad se encuentra desarrollando proyectos relacionados a futuras exhibiciones.

"Reconstrucción de Afrodita"

En esta pintura, el artista ha plasmado la búsqueda del ser ideal que compartirá su vida, tal como lo hiciera Pigmalión con Galatea, plasmando así, la preocupación eterna del artista por hallar a esa mujer que, más que pareja, es cómplice de su propia libertad. Como lo considera algo imposible de alcanzar, lo convierte en una metáfora, la cual, será el motor de sus creaciones.

En la pintura se aprecia a un personaje escultor armado de unos pinceles que lucen como una espada, además, de una pantalla de computadora que enmarca el rostro en el que está seleccionando como lucirá su diosa, mientras apela, inclusive, a recursos, digitales. A este propósito, se puede apreciar como el teclado, que utiliza con la mano izquierda, se convierte en un ala, sugiriendo que puede volar en la búsqueda de información para construir a ese ser ideal, a esa musa, que lo motivará a seguir su interminable camino.

Linda Morales Caballero..................................Encantamiento

La presente obra ha sido editada y diseñada por Juan Navidad, terminando el 24 de enero de 2018

Visite la página web de la autora en:
www.lindamoralescaballero.com

Linda Morales Caballero..................................*Encantamiento*

www.ingramcontent.com/pod-product-compliance
Lightning Source LLC
Chambersburg PA
CBHW071220160426
43196CB00012B/2361